AF357206

MANIFESTE

DU

JOURNAL DES ARTISTES

CONTRE

LA NOUVELLE ÉCOLE DE PEINTURE

SOI-DISANT SHAKSPEARIENNE, ROMANTIQUE, etc.

MANIFESTE

DU

JOURNAL DES ARTISTES

CONTRE

LA NOUVELLE ÉCOLE DE PEINTURE

SOI-DISANT SHAKSPEARIENNE, ROMANTIQUE, ETC.

———

Au profit de la Grèce,

Mère-Patrie des Beaux-Arts.

———

Prix : 75 centimes.

———

PARIS,

Au Bureau du *Journal des Artistes*, rue de la Tabletterie, nº 9 ;

Chez
{
MONGIE, libraire, boulevard des Italiens, nº 10 ;
THOISNIER-DESPLACES, libraire, rue Vivienne, nº 2 bis ;
CLÉMENT, march. d'estampes, quai Voltaire, nº 1 ;
les Marchands de Nouveautés.
}

1828.

MANIFESTE

DU

JOURNAL DES ARTISTES

CONTRE

LA NOUVELLE ÉCOLE DE PEINTURE

SOI-DISANT SHAKSPEARIENNE, ROMANTIQUE, ETC.

Rien n'est vrai que le beau.

Depuis un an nous avons lutté de toutes nos forces contre la décadence de l'Ecole française, et contre l'invasion d'une prétendue Ecole nouvelle qui cherche à la subjuguer.

Cette secte pernicieuse, favorable à l'ignorance, incapable de s'élever aux beautés dont l'antiquité nous a laissé des types éternels, et à l'étude desquels on a dû la renaissance des arts en France, sous l'influence des Vien et des David, a résolu de détrôner le *beau*, de substituer la nature commune à la nature choisie, les à-peu-près de forme et de couleur à l'imitation exacte des objets; enfin, de remplacer la noblesse et la correction, par l'ignoble, moins difficile à atteindre, et par le vague, le négligé, qui ne demandent aucune étude. Si nous ne trouvons pas que cela soit bien, nous ne pouvons, du moins, disconvenir que cela soit commode.

Malgré nos efforts, le mal a continué de s'accroître. Quelques jeunes peintres, cependant, à qui la lecture de nos feuilles a contribué à ouvrir les yeux, ont abandonné la route où ils s'étaient follement engagés; mais, les incorrigibles se sont moqués de nos sermons; et leur chef, surtout, *aimant mieux être le premier dans une bicocque, que le.... dans Rome,* a continué de suivre la ligne qui l'éloigne de cette ancienne capitale du monde, qui fut aussi celle des beaux arts.

En fait d'arts comme en fait de politique, ce n'est pas un métier des plus faciles que celui de journaliste. Mettre tout le monde du même avis, c'est chose à-peu-près impossible ; voir chacun conserver dans la discussion une modération ou une politesse parfaite, quelle que soit la différence de sentimens, c'est chose tout aussi rare. Aussi, notre route est-elle fréquemment semée d'épines.

Les uns nous trouvent trop doux dans la critique ; ils voudraient plus de véhémence dans nos réprimandes, et notre raison les endort.

Les autres blâment, au contraire, la persévérance que nous mettons à poursuivre les mauvaises théories et les œuvres défectueuses qui en sont la suite, et nous accusent d'y mettre mal-à-propos de l'acharnement.

D'autres enfin, qui se fâchent, nous écrivent de manière à provoquer notre susceptibilité, et peu s'en faut même que le terrible point d'honneur ne vienne se mettre de la partie.

Voilà donc, comme on voit, bien des mécontens. Nous renvoyons les premiers aux seconds, et les seconds aux premiers, afin qu'ils se mettent d'accord, s'il est possible. Quant aux troisièmes, nous leur parlerons franchement. Les argumens victorieux de la tierce et de la quarte ne sont plus de notre goût. Autrefois encore, passe ; nous aurions bien pu nous faire tuer pour un coup de pinceau mal donné où pour une ligne fausse en perspective ; mais, aujourd'hui nous sommes un peu moins belliqueux, nous avons femme et enfant, et depuis lors nous nous sommes rémémoré les principes pacifiques de la bonne morale. Tout ce que nous pouvons faire pour nos adversaires les plus bouillans, c'est de leur conter une petite histoire :

Il y avait, en 1815 ou 1816, dans ces tems d'agitation, de troubles, et d'animosités politiques, un petit journal qui ne vivait que d'épigrammes, et qui en faisait, parfois, d'assez piquantes surtout contre les gens d'un certain parti. Les rieurs étaient ordinairement de son côté, mais ceux dont on riait ne trouvaient pas toujours la plaisanterie à leur gré, et il arrivait souvent qu'en échange d'une épigramme, le petit journal recevait un cartel. Que fit le petit journal ? il enrôla parmi ses rédacteurs.... un maître en fait d'armes, lequel s'installa au bureau depuis neuf heures du matin jusqu'à dix heures du soir. Lorsque la porte s'ouvrait brusquement, et qu'un homme à l'air courroucé venait, la feuille à la main, demander qui avait rédigé tel ou tel article? — C'est moi , monsieur, répondait aussitôt le maître d'armes, de l'air le plus gracieux du monde. Et, en disant ces mots , il décrochait deux épées placées en croix au-dessus de sa table, et en présentait une à l'interlocuteur avec la plus exquise politesse. Fort heureusement , la querelle n'allait pas plus loin , avec un pareil éditeur responsable.

Nous n'imitons point le petit journal dont il s'agit, et, grâce au ciel, personne n'a d'injures à venger sur nous; mais si quelques esprits mal faits continuent , malgré les égards et la politesse dont nous ne nous départons jamais, à se croire offensés, dès que le nombre de nos abonnés égalera celui du Constitutionnel, nous prendrons un commis du genre de celui dont nous venons de parler. On conçoit que cela doit se payer cher.

Toutefois , la guerre peut se faire à moins de frais. Jadis les *Gluckistes* et les *Piccinistes* furent près d'en venir aux mains ; cependant, leurs querelles se vidèrent seulement à coups de plume, et en cela l'on fit très sagement ; il eût été par trop extravagant de voir les champions des deux partis s'entretuer par amour pour l'harmonie.

Malgré le *genus irritabile* d'Horace, il faut croire que nous n'avons rien de semblable à redouter. En tous cas , nous avons résolu de publier les pièces du procès et de les faire suivre de notre *Manifeste* contre une École à laquelle nous ne pouvons accorder paix ni trève.

Remonter à l'origine de la discussion serait long et fastidieux pour les lecteurs , bien que nous eussions d'assez bonnes choses à puiser dans nos plaidoyers en faveur des saines doctrines dans les arts ; mais nous prendrons seulement les choses au point où elles sont aujourd'hui.

PIÈCE N° I.

Extrait du N° XXIV DU JOURNAL DES ARTISTES. 9 *décembre* 1827.

Musée royal. Exposition. 5e *article.*

La fermeture momentanée des salles d'exposition, en nous mettant dans l'impossibilité de continuer un examen de détail, nous a donné le tems de récapituler les impressions diverses causées par cette réunion de tableaux , de consulter l'opinion générale , et de nous assurer si le Salon de 1827 mérite réellement tout le mal que les connaisseurs en ont dit. Malheureusement, les connaisseurs ont eu raison, et, malgré quelques honorables exceptions, depuis la renaissance de l'Ecole française, peu d'expositions ont été aussi faibles.

Cependant, il ne faut pas croire que tout le monde soit là dessus du même avis, et surtout qu'on soit affecté comme nous, de voir cette Ecole, naguère si brillante, abandonner la route qui l'avait conduite à devenir la première du monde, pour se jeter dans des extravagances qui la conduisent rapidement à sa perte.

Un écrivain-artiste, ou artiste-écrivain, qui ne fait pas connaître son nom, vient de publier un *Examen du Salon de 1827*, avec cette épigraphe : *Rien n'est beau que le vrai* (1). Assurément, chacun est libre, en pareille matière, de s'ériger en tribunal suprême, et nous ne prétendons contester ce droit à personne ; mais, chacun aussi peut s'ériger en juge de ce même tribunal, et c'est une faculté dont nous nous permettrons d'user.

Il est difficile, après avoir lu les cinquante pages qui composent cet *Examen*, de savoir sur quels principes l'auteur appuie ses jugemens dans les arts. On ne doit pas supposer qu'il ait pris la plume pour nous faire part de ses observations sur les tableaux exposés, comme ferait l'amateur le moins instruit qui, sortant du Musée à l'heure du dîner, rend compte à ses convives, sans plan et sans ordre, de ce qu'il a vu. C'est pourtant ce que fait le critique dont il s'agit. Après avoir satyrisé quelque peu l'administration et le jury d'examen, tâche qui malheureusement n'est pas difficile, il nous entretient alternativement, et avec la plus grande confusion, de Portraits, de Marine, d'Histoire, de Genre, de Paysage, de manière qu'on ne sait jamais où l'on en est. Nous ajouterons qu'on ne voit figurer, dans cet *Examen*, qu'une cinquantaine de noms, parmi lesquels plusieurs auraient dû céder la place à d'autres qui sont omis.

Si nous cherchons, dans ce chaos, à deviner quelles sont les bases des jugemens portés sur les œuvres capitales, nous sommes tout aussi embarrassés, et de graves contradictions viennent augmenter notre embarras. Si l'on en croit l'épigraphe, *rien n'est beau que le vrai ;* cette maxime donne l'espérance d'une saine critique, d'autant que nous lisons, dans la préface, quelques exhortations aux artistes, pour les encourager à *lutter, par des études constantes de la nature,*

---

(1) Chez Roret, libraire, rue Hautefeuille.

contre les obstacles que le mauvais goût et les coteries ne manqueront pas de leur opposer. Nous voyons aussi, page 5, que *la réputation des élèves de David ne s'est établie, à l'ombre de celle de ce maître, que par des tableaux d'une composition vraiment historique, d'un goût pur et sévère, d'un dessin correct et d'un coloris vrai.* Voilà qui est bien; mais, par malheur, nous lisons, page 9, en tête des éloges outrés qu'on y prodigue au coryphée de la prétendue école moderne qui, assurément, n'est pas celle de David, qu'*il n'attend pas ses inspirations de la pose d'un modèle ;* que *le crayon obéissant groupe ses figures sans effort,* et que *le pinceau les anime ;* que *le ton général de son tableau* (le Christ au Jardin des Olives) *n'est pas exempt d'une certaine prétention de s'affranchir de toute entrave et de brusquer la couleur; mais qu'ici cette prétention est celle du génie !* Ensuite, sans égard pour de pareils éloges, on revient à un langage un peu plus raisonnable, et on l'invite *à régler ses inspirations par l'étude approfondie des beautés nobles de la nature, et à marcher franchement et sans affectation dans la bonne route, celle du beau et du vrai.* Quand on a lu toutes ces contradictions, on ne sait plus que penser; car enfin, M. Delacroix..., puisqu'il faut l'appeler par son nom, est-il ou n'est-il pas dans la route du beau et du vrai ? mérite-t-il, ou non, l'éloge donné dans la préface, aux élèves de David ? a-t-il tort ou raison de se passer de la pose d'un modèle ? a-t-il tort ou raison de s'affranchir de toute entrave et de brusquer la couleur ? En vérité, l'auteur de la brochure aurait dû s'exprimer avec plus de franchise.

Serait-il vrai que ce prétendu *Examen du Salon* n'aurait d'autre but que de faire, aux dépens du bon sens et au détriment de l'école de Vien, de David, de Girodet, et de leurs autres élèves devenus les maîtres de l'art, l'apologie exclusive de l'auteur du *Christ au jardin des Oliviers,* du *Marino Faliero,* du *Pâtre blessé,* et de tant d'autres ébauches grossières admises par le jury avec une si funeste complaisance ? Examinons de nouveau l'ensemble de la brochure, et nous verrons que tout ce qu'il y a d'œuvres estimables au Salon, est déprécié plus ou moins adroitement, pour faire valoir, de la manière la plus désordonnée, les peintures de M. Delacroix : — M. Léon Cogniet y est loué avec une modération vraiment admirable; M. Court y est blâmé avec rigueur; M. Delaroche est traité avec une sorte de dédain; M. Fleury avec une véritable injustice ; M. Gudin est épluché avec un soin presque

malveillant ; enfin , pour assaisonner tout cela d'une manière
plus piquante, l'auteur y a mêlé ironiquement quelques noms
que personne n'était tenté de louer. Mais aussi, quel relief cela
donne au nom de M. Delacroix !

Nous aurions peut-être tort d'avancer que cet *Examen* a été
fait sciemment comme une sorte de pamphlet contre l'Ecole
française, et au profit de deux ou trois novateurs imprudens ;
nous n'en avons pas la certitude, et il se peut que celui qui
l'a écrit soit de bonne foi. Tant mieux pour lui ; c'est un crime
de moins. Quant à nous, notre rôle reste le même ; nous n'a-
vons point à prononcer sur la question intentionnelle ; c'est la
brochure, telle qu'elle se comporte, que nous devons juger,
et non son auteur.

Or , cette malheureuse brochure, nous avons fait connaître
sommairement ce qu'elle contient ; mais il est à propos de faire
ici quelques citations qui en montreront mieux le véritable
esprit. Ainsi que nous l'avons dit, tout est blâme, excepté
pour les productions de M. Delacroix. Voici, mot pour mot,
l'article qui le concerne :

« M. Delacroix ne recule pas devant les difficultés, et n'at-
« tend pas ses inspirations de la pose d'un modèle ; le crayon
« obéissant groupe ses figures sans effort, et le pinceau les
« anime. Une pensée unique domine chacune de ses composi-
« tions, et, si j'ai bien saisi celle de ce tableau, la divinité tout
« entière apparait dans les traits des anges, tandis que, entra-
« vée par un corps humain, celui du Christ, la divinité se
« rapproche de nos sens matériels, qui sont exprimés par les
« apôtres. Il y a tout à la fois de la poésie et de la vérité dans
« cette belle composition ; le groupe des anges est admirable
« de pose et d'exécution ; le christ laisse *peut-être* quelque
« chose à désirer pour la vérité des chairs ; le ton général n'est
« pas exempt d'une sorte de prétention de s'affranchir de toute
« entrave et de brusquer la couleur ; mais, cette prétention est
« celle du génie, et nous ne pouvons qu'engager M. Delacroix
« à régler ses inspirations par l'étude approfondie des beautés
« nobles de la nature, à ne pas abuser de sa facilité, et à mar-
« cher franchement et sans affectation dans la bonne route,
« celle du beau et du vrai. »

Le *Doge Marino-Faliero* (n° 294), n'obtient que deux
lignes ; mais elles ont en qualité ce qui leur manque en quan-
tité. Les voici : « Ce tableau de chevalet est vraiment véni-
« tien ; voilà un intérieur, des poses et un coloris dignes d'un
« peintre d'histoire ! »

Le tableau pompeusement intitulé, *Scène de la Guerre actuelle des Turcs et des Grecs* (n° 299), et où l'on voit une sorte de fantôme d'homme, courant sur une sorte de fantôme de cheval, est moins bien traité par l'apologiste. Cependant, comme il a le diable au corps pour admirer tout ce qui porte le nom de son peintre favori, il trouve encore moyen de le louer. « Le cheval est mauvais, dit-il, de forme et de couleur; « mais il y a du mouvement dans l'ensemble. » Et, avec cette apparente sévérité contre ce pauvre cheval qui se trouve dans l'une des plus minimes, pour ne pas dire des plus misérables productions qui aient jamais garni les murailles d'un musée, on croit se donner un air d'impartialité.

Loin de nous tout sentiment de personnalité dans une telle discussion. Nous sommes entièrement étrangers à M. Delacroix, que nous ne connaissons que par son talent et par la manière dont il en abuse. Nous avons fait, dans notre numéro du 27 mai, un examen consciencieux de son *Christ au Jardin des Oliviers*, alors exposé dans l'église Saint-Paul, et certes l'auteur n'a pas eu à se plaindre de la manière dont nous l'avons traité, ainsi que son tableau, malgré les graves défauts que nous n'avons pu pardonner à cette production qui fait maintenant tant de bruit. Si aujourd'hui nous rentrons en lice, c'est uniquement par un sentiment d'indignation contre ceux qui persistent à pousser M. Delacroix dans une route si fausse, qui s'efforcent d'en faire un peintre *à la mode*, comme si nous n'en avions pas assez d'un, et qui, enfin, travaillent de toute leur force à dégrader et à détruire l'Ecole française, cette Ecole qui a fait décerner à notre patrie la palme des beaux arts, la seule qui lui reste!

Encore quelques années, et, grace aux prôneurs et aux imitateurs de M. Delacroix, nous pourrons être, sous le rapport des beaux arts, au niveau de l'Angleterre qui, à l'exposition de 1827, 59° exposition annuelle, en l'absence presque totale de tableaux historiques, offre quelques portraits bien traités, quelques intérieurs, quelques paysages habilement faits quoique dans une mauvaise direction, et quatorze cents barbouillages qu'on n'oserait pas admettre aujourd'hui dans les salles du Louvre, mais que l'on y admettra volontiers l'année prochaine, si cela continue.

Pour qu'on ne nous accuse pas de nous tenir vaguement dans des généralités, nous sommes forcés de revenir sur les ouvrages si vantés dans la brochure anonyme. En vérité, madame Dacier, n'était pas plus ingénieuse à trouver dans Homère, une foule de beautés qu'Homère même n'y soupçonnait pas. Quoi! « La divinité tout entière apparait sous les traits « des Anges (tableau n° 293), tandis qu'entravée par un corps « humain, celui du Christ, la divinité se rapproche de nos sens « matériels, qui sont exprimés par les Apôtres! » Certes, voilà de belles choses, des choses sublimes, que nous ne voyons pas et que nous ne saurions voir. Voilà un admirable enchaînement de grandes et nobles pensées, rendues par quelques coups de pinceau négligemment et malproprement jettés sur la toile. Plus on médite sur le sens de cette phrase, plus on la trouve extraordinaire. Jamais, nous osons l'affirmer, éloge aussi grand, aussi magnifique, n'a été mérité, ni obtenu, par aucun chef-d'œuvre du peintre d'*Urbino*, et quiconque le mériterait serait, sans nul doute, au-dessus de ce grand homme. Et pourtant, c'est le *Christ au Jardin des Oliviers* qui donne lieu à cette hymne de gloire !

Mais, où donc l'apologiste a-t-il pris toutes ces belles choses? Les a-t-il devinées, ou bien quelqu'ami particulier de l'auteur les lui a-t-il révélées? Nous ne savons; mais, en tout cas, nous ne pouvons rien voir de divin dans cette production. Nous sommes forcés de répéter ce que nous avons dit dans notre article du 27 mai, après avoir donné à la couleur et à l'effet les éloges dont ils nous ont paru susceptibles.

La pose du Christ est bonne; il y a de la noblesse et de la douleur, et le geste rappelle bien le passage de l'Ecriture : « *Transeat a me calix iste;* » mais, sous le rapport de la vérité historique, l'ajustement laisse beaucoup à reprendre; la moitié de la poitrine, une épaule et un bras entièrement nus, ne nous semblent pas réunir l'observation de costume, la décence et la sévérité qui conviennent au personnage. La fidélité historique est aussi loin d'exister dans le groupe des Anges. Selon la tradition reçue, un Ange apporte le calice au Christ, qui le repousse d'abord, avant de s'être entièrement résigné à la volonté de Dieu, ou plutôt selon le texte de l'Ecriture (*Voyez* le numéro du 10 juin, pag. 368), après la prière, « Seigneur, que ce calice s'éloigne de moi, » il apparait au Sauveur *un Ange qui le fortifie.* Ici nous voyons *trois Anges*, qui viennent seulement visiter le Christ, et qui, *au lieu de le fortifier*, témoignent une profonde affliction de ses souffrances.

Quant à l'exécution, sous le rapport du dessin, faut-il le dire? nous retrouvons ici le même mépris de toute correction et de toute beauté de formes que dans le *Massacre de Chio*. Le Christ est dessiné sans pureté, sans grâce; le nu n'offre qu'une

chair livide (c’est-là que l’apologiste place un *peut-être*), à
peine modelée, et l’on ne sent sous la draperie que des formes
osseuses, maigres quoique fortes. La tête a de l’expression,
sans beauté; les bras, un bon mouvement sans détails miolo-
giques, et peut-être y a-t-il quelque chose à reprendre dans la
petitesse des mains, eu égard au reste du corps. Le groupe des
Anges a de la grâce; ce sont trois jeunes filles affligées, agréa-
blement posées; mais, encore une fois, que font-elles là? Si
on les enlevait du tableau, deux d’entre elles exprimeraient
parfaitement l’action de consoler celle qui est au milieu, et qui
semble une sorte de personnage principal. Il y a un peu plus
de délicatesse dans la manière dont ces anges femelles sont
peints; mais il y a aussi des incorrections; des parties maigres,
une robe blanche, trop plissée, trop chiffonnée, qui ne laisse
deviner ni la jambe, ni l’articulation du genou, ou plutôt
qui les fait supposer défectueuses. Bref, ce groupe n’a que le
mérite d’un agencement gracieux. Les Apôtres endormis ont
plutôt l’air d’être morts; leur lividité fait qu’on les distingue
à peine de la terre sur laquelle ils reposent, et la maigreur,
l’angulosité des bras et des épaules qu’on aperçoit, peuvent les
faire confondre avec les pierres qui sont auprès d’eux.

M. Delacroix ne nous fera-t-il pas enfin quelque concession?
Ne consentira-t-il pas à joindre le dessin à la couleur? Ne
voudra-t-il pas comprendre, ainsi que ses partisans, que, s’il est
quelques sujets qu’on peut traiter sans les embellir, en repré-
sentant la nature telle quelle, fût-elle même laide et ignoble,
il en est d’autres qui réclament le secours du bon goût, et un
choix de forme aussi bien qu’un choix de geste. Certes, le sujet
dont nous nous occupons en ce moment devait être, de rigueur,
classé dans ce nombre. Est-ce avec cette tête commune, avec
ces bras et ces épaules négligemment ébauchés, avec ces cuisses
et ces genoux osseux que devait être représenté celui que l’E-
criture appelle *le plus beau des enfans des hommes?* On le
reconnaîtrait difficilement à son portrait; et, si le système
contre lequel nous nous élevons finit par prévaloir, il n’y a
pas de raison pour qu’on ne nous représente bientôt Apollon
combattant le serpent Python, sous les traits d’un laid Kalmouk
tirant de l’arc. Il pourra aussi y avoir de la vérité à la manière
de ces Messieurs.

Voilà ce que nous disions alors, et ce que nous répétons
aujourd’hui. Nous n’avons pas la force d’examiner avec le
même soin le *Doge Marino Faliero*, « ce tableau vraiment
« vénitien; cet intérieur, ces poses, ce coloris dignes d’un

« peintre d'histoire, » qui nous a paru, chaque fois que nous l'avons vu, une débauche complette de pinceau. Le simple énoncé des principes immuables que nous avons plus d'une fois rappelés, fait en un instant retomber cette production à son véritable rang. Nous soumettons notre jugement à tout homme désintéressé, qui possède le sentiment des beaux arts. Tant qu'il existera des esprits droits qui conviendront que les *arts du dessin* ne peuvent exister *sans dessin* ; que la peinture d'histoire demande de la noblesse, de la sévérité et de la correction ; enfin, que la facilité, la négligence, ne sont point du génie, nous aurons un appui suffisant contre la foule de personnes intéressées à dire le contraire.

Comme il est de toute justice, dans un procès quelconque, de faire entendre les deux parties, nous croyons devoir publier la lettre la plus raisonnable que nous ayons reçue au sujet du précédent article, qui paraît avoir causé quelque rumeur.

PIÈCE N° II.

Extrait du N° XXV. 16 *décembre* 1827.

Monsieur le rédacteur,

Chacun est certainement bien libre de trouver un tableau bon ou mauvais ; mais quand on imprime son opinion, il me semble qu'il faudrait y regarder à deux fois, et prendre garde de se faire accuser de partialité, de système et d'entêtement. J'irai tout droit au but. Vous attaquez sans cesse, croyant sans doute bien faire, une école, car elle mérite ce nom, qui ne prenant pour guide, dans ses compositions, que l'inspiration subite et la fougue de l'imagination, est en droit de nous étonner par sa hardiesse et par sa vigueur. D'abord, tous les raisonnemens du monde n'empêcheront pas une belle œuvre d'être belle, et l'admiration du public fait pencher la balance du côté de ceux que vous attaquez ; ensuite, si l'on veut discuter la chose, il serait facile de vous prouver que, sans dédaigner la respectable école de David, il est possible de faire bien par une autre voie. Cette *correction* cette *exactitude* que vous vantez sans cesse, mène à la froideur et à la sécheresse. Cette noblesse de style comme vous l'entendez, est rarement dans la nature, qui se montre ordinairement plus bourgeoise, et d'ailleurs cela mène à la roideur et aux poses académiques. Je ne prétends pas charger de tous ces défauts l'école de ce célèbre restaurateur de la peinture en France ; mais si l'on examine de près les tableaux de cette école, vous avouerez vous-même que c'est par là qu'elle pèche. La couleur n'est elle donc rien, et l'abandon, le laisser-aller du talent n'ont-ils pas leur charme! Renoncez, Monsieur, à un système de dénigration qui ne peut réussir. Il faut être en force pour s'opposer au torrent, et votre cause n'est pas assez bonne; chacun a son mérite ici-bas, et l'on peut bien admirer les uns sans déprécier les autres. Que si vous restez insensible aux beautés vraiment sublimes de tel ou tel tableau que je ne veux point citer pour ne pas avoir l'air d'un apologiste, selon votre expression favorite, ce n'est pas une raison pour qu'on ne se montre pas partisan de cette école qui nous transporte à son gré dans les régions célestes ou dans les plus sombres abîmes par le prestige et le vague mystérieux du talent le plus indépendant et le plus impatient de toute entrave. Ce qu'il vous plaît d'appeler une *décadence* n'est qu'une révolution comme tant d'autres, qui s'opérera malgré vous. Ce que l'on perdra d'un côté, on le gagnera de l'autre, et le public aura tout autant de plaisir à voir sur la toile des personnages plus rapprochés de sa propre nature, qu'à contempler des héros qui ne ressemblent en rien à ce qui l'entoure.

J'ai l'honneur de vous saluer. *Un de vos abonnés.*

Nous remercions sincèrement l'auteur de cette lettre; on voit qu'elle est écrite de verve, et, grâce à la chaleur de l'improvisation, rien n'y est déguisé. Une tête plus froide aurait fait une réponse plus adroite.

Nous ne répondrons point à l'accusation de *partialité* et *d'entêtement* qui ne regarde que nous; nous répondrons seulement aux passages qui concernent les arts et le véritable point de la discussion :

Une école qui ne prend pour guide dans ses compositions que l'inspiration subite et la fougue de l'imagination. — Voilà un aveu qui n'a rien d'équivoque. Plus de méditation, plus d'étude; une idée vient, vîte la palette et la brosse. Et, en moins de temps qu'il n'en faudrait pour que la composition générale, les détails, l'agencement, les plans s'arrangeassent dans la tête, et que le *modèle* vînt donner des poses justes, le tableau est ébauché, c'est-à-dire, fait. C'est précisément ce que nous disions.

Tous les raisonnemens du monde n'empêcheront pas une belle œuvre d'être belle. — Sans doute; mais il faut d'abord qu'elle le soit.

Sans dédaigner la respectable école de David, il est possible de faire bien par une autre voie. — Non, Messieurs, non; c'est une erreur; vous ne ferez rien de bien par une autre voie. Écoutez bien : vous pouvez espérer de faire mieux que cette *respectable* école, (et cette espérance peut suffire, il nous semble, à votre ambition) mais pour cela, la couleur ne suffit pas; il faut suivre la même voie qu'elle, il faut dessiner, et surpasser, s'il se peut, vos devanciers.

La couleur n'est-elle donc rien ? — Qui a jamais dit chose pareille ? — *L'abandon, le laisser-aller du talent, n'ont-ils pas leur charme ?* — Personne ne le nie; surtout quand il s'agit d'un croquis pour l'album de Mad***, d'une sépia ou d'une aquarelle pour les magasins de M. Alphonse Giroux. Mais, messieurs, faites attention qu'il s'agit ici de tableaux d'histoire.

Chacun a son mérite ici bas, — Messieurs, vous êtes trop polis — *et l'on peut bien admirer les uns sans déprécier les autres.* — Pardonnez-moi; je ne crois pas qu'ici ce soit possible.

Cette école qui nous transporte à son gré dans les régions célestes ou dans les plus sombres abîmes, par le prestige et le vague mysterieux du talent le plus indépendant et le plus impatient de toute entrave. — La phrase est jolie, et, en vérité, nous voudrions l'avoir faite, si elle n'était la quintessence du romantique. Toutefois, nous devons l'avouer, ni la phrase, ni l'école n'ont le don de nous *transporter.*

Ce qu'il vous plaît d'appeler décadence n'est qu'une révolution comme tant d'autres, qui s'opérera malgré vous. — Non, messieurs; nous osons vous prédire le contraire. Quelques uns de ceux qui sont dans le bourbier et qui s'y plaisent, continueront de barboter dans la couleur; d'autres en sortiront; et ceux qui allaient s'y jeter seront retenus par de sages conseils et rentreront dans la bonne route.

Ce qu'on perdra d'un côté on le gagnera de l'autre, et le public aura tout autant de plaisir à voir sur la toile des personnages rapprochés de sa propre nature, qu'à contempler des héros qui ne ressemblent en rien à ce qui l'entoure. — Nous y voilà ! c'est le drame et le mélodrame en peinture. C'est M. Pixérécourt détrônant l'auteur d'Athalie. C'est l'auteur des Méditations poëtiques détrônant J.-B. Rousseau. C'est Rossini détrônant l'auteur d'Œdipe. C'est M*** détrônant Raphaël et Michel-Ange. Voilà le but de cette révolution qu'on ne nous permet pas d'appeler décadence, et dont on nous conteste presque le droit de nous plaindre. Certaines personnes, plus raisonnables en apparence, n'en disconviennent pas, et disent « qu'il faut marcher avec son siècle, et que les hommes de « talent doivent se mettre à la tête du mouvement s'ils veulent « être quelque chose » Autant vaudrait dire que lorsque la déroute se met dans une armée, les généraux doivent se mettre à la tête des fuyards !

On a demandé plus d'une fois qui nous étions, pour nous arroger le droit de juger en matière si délicate. On a cherché quels étaient nos titres, dans les arts, pour nous permettre d'avoir une opinion sur les productions qui sont de leur domaine. On nous aurait presque adressé ce vers de Boileau dans sa 3ᵉ satyre :

« Mais vous, pour en parler, vous y connaissez-vous ? »

Eh ! messieurs, qu'importe qui nous soyons ? C'est de nos opinions et de nos conseils qu'il s'agit, sans qu'on doive s'inquiéter d'où ils viennent. S'ils sont bons faites-en votre profit; autrement vous serez aussi fous que celui qui dédaignerait de bon vin parce qu'il ne sortirait pas d'un flacon de cristal, ou d'une bouteille pompeusement coiffée de poix résine.

Bref, convertissez-vous, ou craignez une condamnation définitive. Cette condamnation est déjà prononcée par les gens de goût; elle le sera bientôt par le public rebuté de vos informes productions.

Une école qui prétend s'affranchir de toute règle et de toute étude, pour se livrer aux caprices fantastiques d'une exécution d'autant plus facile qu'elle est plus négligée; qui se méprend sur le veritable sens de l'axiome « *Rien n'est* beau *que le* vrai, » et qui croit que le *vrai laid* est *beau*; qui, dès-lors, se met en opposition avec tous les grands hommes qui, dans les tems anciens et dans les tems modernes, ont enfanté ces chefs-d'œuvre dès arts qui obtiennent l'admiration universelle; une telle école, disons-nous, loin de mériter appui et protection près du public et de l'autorité, ne doit trouver partout qu'un désaveu complet.

Et pourtant, une partie du public, séduite par la nouveauté, s'arrête devant ces productions que le bon goût réprouve.

Et pourtant, certains journaux quotidiens, qui ne se connaissent pas plus en beaux-arts qu'en politique, en font un éloge insensé.

Et pourtant, l'Administration des beaux-arts lui donne de coupables encouragemens !

Un tel état de choses ne peut subsister sans exciter la colère ou, tout au moins, la pitié des gens de bon sens. Nous ne pouvons, d'un seul coup, finir avec tout le monde; mais nous achèverons de payer successivement notre dette aux Artistes, aux Journaux et à l'Administration.

————————

Extrait du N° XXVI. 23 décembre 1827.

Quelques personnes, qui voient les choses assez froidement, ont paru croire, sinon, que nous combattions des chimères, du moins, que nous exagerions le mal, comme font souvent les médecins, afin d'opérer des cures plus éclatantes. Il serait facile, mais bien long de donner ici les preuves nombreuses de l'influence qu'exerce l'Ecole contre laquelle nous nous élevons. Pense-t-on que l'auteur de l'*Examen du Salon*, et celui de la *Lettre* insérée, soient les seuls partisans de cette Ecole? Pense-t-on que des Journaux ignorans ou superficiels ne se fassent pas leurs complices, et que l'Administration n'ait pas des reproches à se faire pour la mauvaise direction qu'elle a favorisée dans les Arts? Pour se convaincre que ces lignes ne contiennent rien de hazardé, il suffira de jeter les yeux sur ce qui suit :

PIÈCE N° III.

Artistes. — *Fragment d'une lettre anonyme adressée au Directeur du* Journal des Artistes, *le 21 novembre 1827.*

« Permettez-moi, à l'occasion du tableau de ce jeune génie, de vous témoigner mon étonnement de votre silence à son égard (article du 19 novembre), lorsque le Christ aux Olives (*nous transcrivons textuellement*) renferme, malgré quelques imperfections, des beautés d'un ordre si élevé. Ces trois anges sont-ils célestes? Cette pensée profonde et si ingénieuse des consolations angéliques doucement et douloureusement repoussées par l'Homme-Dieu! quel délicieux abandon! quel admirable coloris dans ce groupe d'anges! Si la figure du Christ prête à la critique pour la couleur et quelques imperfections de dessin, combien l'ensemble de ce beau tableau décèle le maître, et l'homme de génie!.... C'est du romantisme direz-vous? mais en vérité, monsieur, ces distinctions de classique et de romantique ne sont-elles pas vides de sens, de véritables disputes de mots? peut-il y avoir autre chose que le bien ou le mal, le beau ou le laid, le génie ou l'imitation servile qui distinguent les productions des beaux-arts? »

PIÈCE N° IV.

Journaux. — *Début de l'article de la* Quotidienne, *sur l'ouverture du Salon. 7 novembre 1827.*

« Les arts, comme les peuples, ont leurs révolutions, qui tiennent au besoin des sociétés. Les unes sont provoquées par le goût et souvent par les caprices de la mode (*Prenons acte de cette assertion*); les autres par l'état des mœurs et la tendance des esprits. Depuis la renaissance, l'Ecole française a éprouvé plusieurs fois toutes les vicissitudes de la décadence et de la perfection. La nature et la vérité, qui font le caractère distinctif de Lesueur et du Poussin, ne suffirent plus quelques années plus tard au règne plein de grandeur et de majesté de Louis XIV; il fallut le génie de Lebrun et de Mignard pour s'élever à la hauteur des idées de ce siècle (*Ainsi, voilà Lebrun et Mignard mis sans façon au-dessus de Lesueur et de Poussin*). Le beau parut trop sévère dans le siècle suivant; on voulut de la grâce et l'on tomba dans la manière et dans le ridicule; les goûts fantasques de Mad. de Pompadour avaient réduit la peinture aux dimensions des panneaux et des dessus de porte, et élevé Boucher à la dignité de premier peintre du roi. Vien, à son retour de Rome, nous fit sentir par des compositions d'une grande pureté, le dégré d'avilissement dans lequel nous étions tombés; c'est à lui (*Faisons bien attention*) qu'il faut faire honneur de la régénération de notre Ecole, et non à son élève David, qui ne nous a apporté que la sécheresse et la régularité des contours, et la roideur des poses académiques, dans tous ses tableaux, depuis celui de *Marat*, jusqu'à celui de *Mars et Vénus*. Avec lui a disparu le système de ces productions sèches et compassées, qui n'ont pour mérite qu'une grande pureté de dessin poussée jusqu'à l'excès, et une simplicité de composision, plus près de la stérilité que du génie (*Siècles de Périclès et de Léon X, voilà comme on traite aujourd'hui la simplicité de composition et la pureté de dessin!*). Du salon de 1827 datera une ère nouvelle pour la peinture. L'Ecole française nous a paru en général rentrer dans le domaine du *vrai beau;* le dessin, la couleur et la composition, la grâce, le naturel et la vérité, viennent s'y prêter mutuellement leur appui, et si tous les tableaux qui forment l'Exposition ne sont pas des chefs-d'œuvre, on peut assurer du moins que la plupart de nos peintres sont dans la *bonne route*, et que depuis deux ans notre Ecole a fait de grands et d'utiles progrès. »

PIECE N° V.

Administration—*Admissions et rejets de tableaux.*

Consultez le *Livret du Salon*, et cherchez comment il se fait qu'un jury composé des chefs de l'Ecole française, mais dominé par les chefs de l'Administration des beaux-arts, investi du droit absolu de rejeter ou d'admettre, ait usé de ce droit pour admettre complaisamment une foule de productions dans le goût de celles qui vous paraissent si répréhens bles, et aît repoussé des tableaux estimables, qui, entr'autres mérites, ont celui d'être dans les principes de la bonne école.

Il est cent autres exemples que nous pourrions citer, soit de l'engouement ridicule d'une foule d'artistes et d'amateurs, pour les *maquettes de tons*, comme les a très bien nommées un de nos collaborateurs, soit des sottes louanges que leur donnent certains journaux quotidiens et autres, soit enfin, des inconcevables complaisances et des inconcevables rigueurs de l'administration ; mais, nous n'en finirions pas, et, après ce qu'on vient de lire, nous pensons qu'on ne nous contestera plus la réalité et le danger de l'invasion totale dont les Arts en France sont menacés, et qu'on nous permettra de nous élever avec vigueur contre ses déplorables conséquences.

Et d'abord, jeunes peintres qui cherchez à vous illustrer par une autre méthode que celle qu'ont suivie vos maîtres, pensez-vous être bien fondés dans les raisons que vous alléguez contre eux ? Votre devise « *rien n'est* beau *que le vrai* » vous induit en erreur. Cette maxime est juste dans un sens, mais vous la rendez fausse par l'application que vous en faites. Sachez que dans les arts, il faut renverser la phrase, et que, pour la peinture comme pour le statuaire, « *rien n'est* vrai, ou pluôt, *rien ne doit être* vrai *que le* beau. La vérité ne saurait donc suffire, et, encore une fois, le *vrai laid* ne saurait jamais être le *beau* qu'on doit se proposer dans les arts d'imitation. Vous croyez, ou feignez de croire, que la correction de dessin, la pureté de contour, la beauté de forme, amènent nécessairement la sécheresse, la froideur, la raideur de la pose académique. Vous vous imaginez qu'avec ces savantes entraves imposées au pinceau, le génie ne peut se livrer à l'inspiration, et produire de ces œuvres où l'imagination se peint en traits de feu. Mais avez-vous songé que Raphaël est là, sous vos yeux, qui vous oppose son *Archange terrassant le démon* ? Avez-vous le malheur de ne pas comprendre qu'il y a dans ce tableau cent fois plus d'imagination, de feu, de génie, malgré cette exactitude et cette fermeté de contour qui vous font peur, que dans tel autre tableau de sainteté (pardon de la comparaison), que vous prenez aujourd'hui pour point de mire ? La couleur de cette école de David, que vous reniez honteusement, bien qu'elle ait pour type celle de la *Sainte famille* de ce même Raphaël, vous semble loin de la nature. Mais, croyez-vous en approcher davantage en fuyant ces teintes que vous trouvez trop propres, pour vous jeter dans une couleur sale, terreuse, uniforme, dont on ne trouve d'exemple que chez les misérables habitans des champs, exténués par la fatigue et brûlés par le soleil, ou dans les ateliers des forgerons? Avez-vous complettement oublié la *Peste de Jaffa*, le *Léonidas* et quelques autres productions qui peuvent entrer en parallèle, ou pensez-vous que ce ne soit pas là une couleur digne d'être imitée? Vous vous efforcez de nous persuader que la correction de dessin et la sagesse de coloris s'apprennent, mais que la fougue d'exécution et les effets de couleur ne s'apprennent pas et sont des dons précieux de la nature; en d'autres termes, vous affirmez que d'un côté il n'y a qu'imitation servile, et que de l'autre il y a puissance, imagitation, génie. Vous faites votre part assez bonne, et en cela vous suivez certain précepte qui n'est pas dans l'Evangile; mais, souffrez que je vous le dise, vous vous trompez, ou vous nous trompez. Prendre pour du génie une facilité perfide, une malheureuse fécondité, c'est une grande erreur. Les génies tels que David, Girodet, et quelques autres que nous nous abstiendrons de nommer parce qu'ils ne sont pas morts, sont fort rares; mais les génies à la façon de MM. Del..., de L....., S. E...., etc., etc., ne le sont pas du tout; ils courent les rues, ils fourmillent. Mille jeunes gens qui ont appris un peu le dessin dans le cours de leurs études, et qui sont doués de quelque imagination, font tous les jours avec leur plume ou leur crayon ce que vous faites avec votre pinceau. Les études d'avoués et notaires, les administrations publiques ou particulières, sont remplies de ces talens impromptus pour qui un croquis spirituel ou original est une chose des plus faciles. Nous en pourrions, personnellement, citer un vingtaine à qui nous avons vu maintes fois esquisser, d'une manière très leste et très heureuse, les actions les plus ordinaires de la vie, et les scènes les plus pathétiques d'un nouveau mélodrame. Sans étude, sans modèle, ils savent agencer trois ou quatre personnages et leur donner, à travers une foule de *faux traits*, une pose à peu près juste, et surtout cet air de premier jet dont vous faites tant de cas. Ils ont le bon esprit de ne se croire ni peintres, ni dessinateurs; et ils laissent leurs chefs-d'œuvre exposés à tous les périls sur une sale pancarte, où bientôt d'autres griffonnages viennent les recouvrir. Cependant, ils pourraient prétendre à marcher sur vos traces, puisqu'il ne s'agit que de faire des *à peu près*, des *ébauches*, des *pochades*, auxquelles vous donnez honnêtement le nom de tableau. Nous osons l'affirmer, donnez un pinceau et des couleurs à tous ce *jeunes génies*, et aux bout de six semaines ils seront vos dignes rivaux.

Qu'un jeune homme se trompe de route et fasse de mauvais tableaux, c'est un malheur pour lui seul, pourvu cependant qu'il ne trouve pas d'imitateurs. Que certaines personnes aimant la nouveauté, s'arrêtent devant ces productions et se persuadent qu'elles sont belles, il n'y a pas encore grand mal, pourvu que ces personnes ne réussissent pas à faire partager à d'autres leur admiration. Mais, que les hommes chargés de diriger et d'administrer les beaux-arts, se trompent comme de simples particuliers qui ne sont pas payés pour voir juste, la chose devient plus grave et demande attention. Les faveurs, les encouragemens, les commandes de travaux émanent de leur volonté, et si cette volonté est à côté de la droite raison, les plus fâcheuses conséquences en sont la suite. Les faveurs accordées à ceux qui ne méritent pas, sont une injustice pour ceux qui méritent; l'envie d'obtenir précipite une foule de rivaux dans la fausse voie qui est encouragée; les arts se dégradent, et la nation perd une partie de sa gloire par la faute de ceux-là même qui sont chargés d'y veiller.

Convenons, toutefois, que le mal peut s'augmenter par le fait des artistes célèbres qui auraient le pouvoir d'arrêter l'influence du mauvais exemple, et qui au lieu de redoubler d'efforts pour produire de ces grandes œuvres capables de faire ou d'empêcher des révolutions dans les arts, restent inactifs et s'endorment sur leurs lauriers. Pendant leur sommeil, quelque hardi talent s'élève parmi les novateurs; il rachète par de grandes qualités les défauts de son école; il entraîne la foule ignorante et légère, et quand les véritables maîtres de l'art se réveillent, ils se trouvent presque seuls, avec un petit nombre de connaisseurs qui déplorent comme eux la perte du bon goût.

Qu'ils y prennent garde; bien des personnes considèrent déjà la bonne cause comme perdue. Un de nos plus habiles critiques disait naguères, dans le Journal des Débats (23 décembre) : « Aujourd'hui, Walter Scott et Cooper ont pris « place d'Homère et d'Hésiode. .... A l'exposition dernière, « j'ai défendu les *Homériques* de mon mieux, mais s'ils « s'avisent de faiblir, et que pour comble de malheur, il sur- « vienne quelque habile *Shaskspearien*, tel que M. *E. Dévé-* « *ria*, qui leur offre le combat à outrance, toute ma diploma- « tie ira à vau l'eau; car il n'y a pas de feuilleton sur les arts

« si éloquent qu'on le suppose, qui puisse faire autant
« d'impression qu'un tableau, une tête, une simple main,
« quand c'est un pinceau habile qui les a tracés. »

Nous ne sommes pas tout-à-fait aussi alarmés sur l'issue de
la lutte; mais, quand les *Homériques* seraient aussi mal dans
leurs affaires, ce serait une raison de plus pour les Directeurs
des beaux-arts, de leur donner appui et assistance. Pour cela,
ils ont deux choses principales à faire. La première, c'est de
se garantir plus que jamais de l'influence des cotteries; de ne
pas refuser les honneurs de l'exposition (puisque le droit d'ex-
poser sans la censure, n'existe plus), à des tableaux au moins
supportables, pour en admettre qui ne le sont pas. La seconde,
cent fois plus importante, c'est de donner des encouragemens
avec un discernement dont les arts puissent ressentir les
bons effets. Il nous reste à ce sujet une chose bien délicate à
dire, et nous avons beau tourner notre langue sept fois dans
notre bouche, nous ne savons comment nous en tirer. Cependant, il faut parler. La décoration des monumens publics, des
palais, des châteaux royaux, par les productions des beaux-
arts, est assurément une des choses qui touchent le plus
l'honneur et la gloire d'une nation. C'est-là surtout qu'il
importe de ne pas se tromper dans le choix des mains habiles
à atteindre le but que le gouvernement se propose. C'est-là que
les nationaux et les étrangers doivent venir juger de l'état des
beaux-arts, et l'on peut parier d'avance qu'aucune médiocrité
n'y est admise. Pourtant, ouvrez le *livret* et parcourez des
yeux les salles du Louvre destinées au Conseil d'Etat.... et
puis vous jugerez si nous avons tort de donner des avis aux
uns et de faire des reproches aux autres.

F.

IMPRIMERIE DE C. FARCY,
Rue de la Tabletterie, n. 9.

Prospectus.

JOURNAL DES ARTISTES,

IIe Année.

ANNONCE ET COMPTE RENDU DES OUVRAGES

DE PEINTURE, SCULPTURE, ARCHITECTURE, GRAVURE, LITHOGRAPHIE, POÉSIE ET MUSIQUE.

Prix d'Abonnement : 20 fr. par année.

NOTA. *La* PANTOGRAPHIE, *ou* Journal général d'annonce d'objets d'arts, etc., *s'étant réunie au* JOURNAL DES ARTISTES, *assure à cette seconde année un intérêt de plus.*

L'Exposition de Peinture ajoute également à son importance.

Le JOURNAL DES ARTISTES, *destiné aux Artistes, aux Amateurs et au Commerce*, contient tout ce qui peut les intéresser.

1°. Il annonce exactement, et d'une manière complète, les productions des Beaux-Arts qui ont paru chaque semaine, dans quelque genre que ce soit, et en indique les prix ainsi que les dépôts pour la vente.

2°. Il fait un examen détaillé, non seulement des ouvrages remarquables, mais aussi de ceux où la somme du bien l'emporte sur celle du mal.

3°. Il discute les principes, apprécie leur application, et recherche les traditions des grands maîtres.

4°. Enfin, dans un article intitulé *Nouvelles des Arts*, il tient le public au courant de tout ce qui se passe d'intéressant dans les Beaux-Arts, soit en France, soit à l'étranger.

Le JOURNAL DES ARTISTES paraît tous les Dimanches, par cahier de seize pages in-8°.

PRIX D'ABONNEMENT : 5 fr. pour trois mois, 10 fr. pour six mois, 20 fr. pour l'année. — 5 fr. de port pour les départemens.

On s'abonne au Bureau du Journal, rue de la Tabletterie, n°. 9, près de la place du Châtelet.

On s'abonne également chez M. Mongie aîné, libraire, boulevard des Italiens, n. 10;

Chez M. Thoisnier-Desplaces, lib., rue Vivienne, n° 2 bis;

Chez M. Lioré, libraire, rue Neuve-de-Luxembourg, n° 6;

Chez M. Clément, march. d'estampes, quai Voltaire, n° 1;

Et chez MM. les Libraires de Paris et des départemens.